I0756896

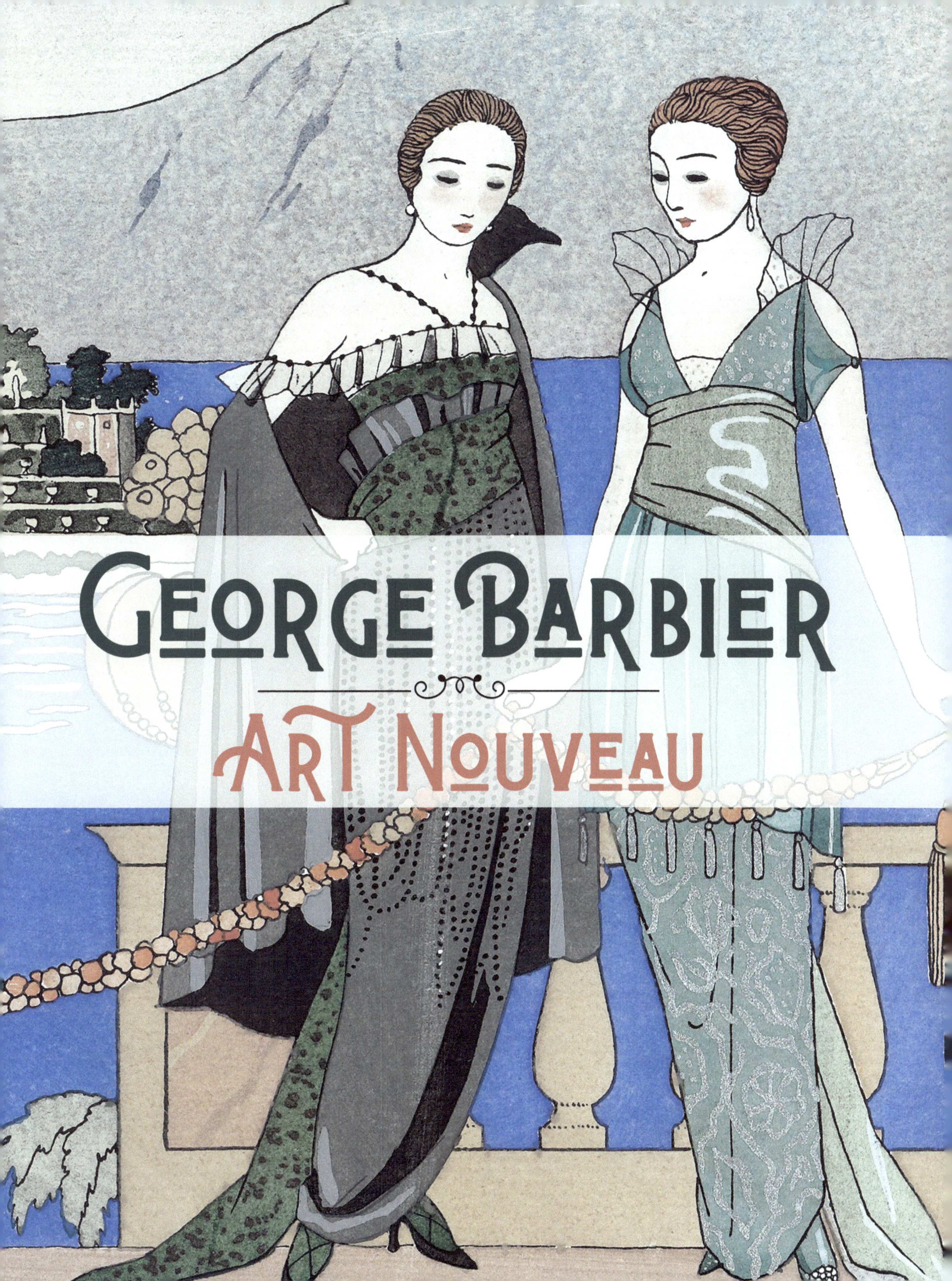
GEORGE BARBIER
ART NOUVEAU

George Barbier

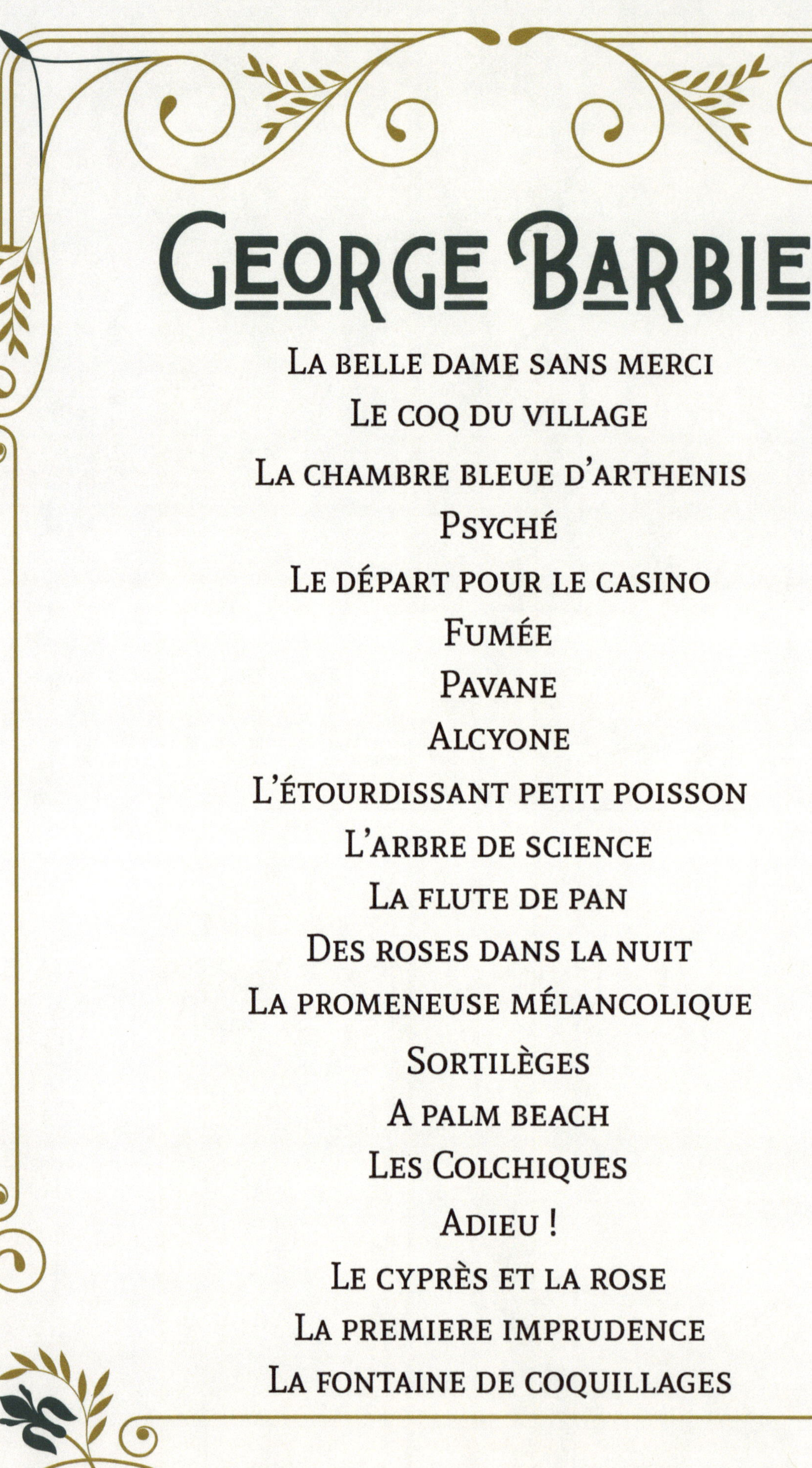

LA BELLE DAME SANS MERCI

ROBE DU SOIR, DE WORTH

Le Coq du Village.

LA CHAMBRE BLEUE D'ARTHÉNICE

ROBE DU SOIR, DE BEER

PSYCHÉ

ROBE DU SOIR, DE WORTH

LE DÉPART POUR LE CASINO

MANTEAU DU SOIR, DE WORTH

FUMÉE

ROBE DU SOIR, DE BEER

PAVANE

ROBE DU SOIR, DE WORTH

ALCYONE

ROBE ET MANTEAU DU SOIR, DE WORTH

L'ÉTOURDISSANT PETIT POISSON...

Robe d'été

L'ARBRE DE SCIENCE

Robe du soir de Dœuillet

La flûte de Pan.

DES ROSES DANS LA NUIT

ROBE DU SOIR, DE WORTH

LA PROMENEUSE MÉLANCOLIQUE

ROBE D'APRÈS-MIDI, DE BEER

SORTILÈGES

ROBE DU SOIR, DE BEER

A PALM BEACH

TAILLEUR, DE WORTH

LES COLCHIQUES

Manteau de voyage de Paquin

ADIEU !

MANTEAU DU SOIR, DE WORTH

LE CYPRÈS ET LA ROSE

Robe d'été de Dœuillet

LA PREMIERE IMPRUDENCE

ROBE DU SOIR, DE BEER

LA FONTAINE DE COQUILLAGES

Robe du soir de Paquin